JN080771

くらしを
べんり
にする仕事

調べてまとめる！

仕事のくふう⑤

バス運転し　大工　電気工事作業員　など

監修：岡田博元（お茶の水女子大学附属小学校）

調べてまとめる！ 仕事のくふう ⑤

もくじ

この本に出てくるキャラクター

みんなと仕事を見学する3人のなかまだよ。

ハルナ
仕事に使う道具や服、せつびなどを知りたいんだって。

ダイチ
お客さんへの心づかいやサービスにきょうみしんしん！

ユウマ
仕事をしている人のワザに注目しているよ。

この本の使い方

この本では、6つの仕事のくふうをしょうかいしているんだ。
みんなが実さいに見学に行ったり、
調べたりするときに、役に立つポイントがたくさんあるよ。

① 仕事の現場へGO！ きみは何に気づくかな？

見学に行った仕事の名前。

ハルナさん、ダイチさん、ユウマさんがそれぞれ知りたいこと。

教えてくれた人やほかのスタッフが、一日の中でどんなことをしているのか、主なれいをしょうかいするよ。

3人が気づいたこと、ふしぎに思ったことだよ。

② 仕事をしている人へいざしつ問！

知りたいことをもとに、実さいにしつ問をしているよ。

くふうについて、くわしくしょうかいしているよ。

その仕事の中の、ある作業について、それをやりとげるまでの流れだよ。

③ その人ならではのくふうまで聞きだそう！

くふうについてさらにしつ問しているよ。仕事をしている人のこだわりや心がけていることがわかるんだ。

見学したあとの3人の感想だよ。

どんな仕事があるかな？

くらしをべんりにするのはどんな仕事かな？　「仕事マップ」をつくって考えてね。

① 思いだしてみよう！

どんな仕事があるかさがすために、
たとえば身のまわりにあるものを思いだしてみよう。

ぼくは、なくなったら
こまるものを
思いだすぞ！

住む所が
なかったら？

毎日使うものは？

電気が
つかなかったら？

荷物が
とどかなかったら？

乗りものが
なかったら？

② 図にしてみよう！

いよいよ「仕事マップ」づくり！　「なくなったらこまるもの」を
まん中にして、かかわりのある仕事をどんどん書きだしていくよ。

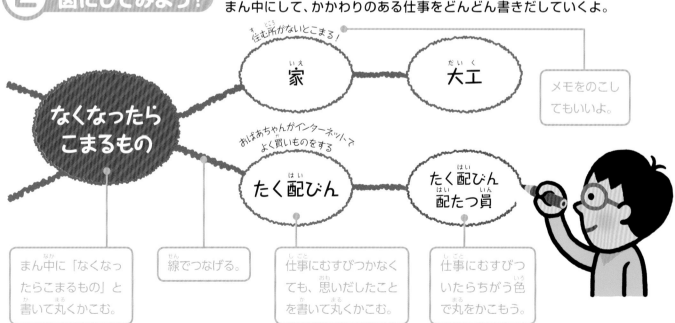

住む所がないとこまる！

家 ── 大工

メモをのこし
てもいいよ。

なくなったら
こまるもの

おばあちゃんがインターネットで
よく買いものをする

たく配びん ── たく配びん
配たつ員

まん中に「なくなっ
たらこまるもの」と
書いて丸くかこむ。

線でつなげる。

仕事にむすびつかなく
ても、思いだしたこと
を書いて丸くかこむ。

仕事にむすびつ
いたらちがう色
で丸をかこもう。

4

③ 仕事マップができた！

「なくなったらこまるもの」を中心に、いろいろな仕事を思いだせたよ！

なくなったらこまるものにむすびつく仕事

銀行

たく配びん 配たつ員

てい電したらたいへん！

電気

電気工事 作業員

自動車整びし

お金

おばあちゃんがインターネットでよく買いものをする

お父さんがしゅうりに出している

たく配びん

お姉ちゃんが毎朝使う

自動車

ドライヤー

住む所がないとこまる！

家

バス運転し

大工

なくなったらこまるもの

バス

テレビ

ゆうびん

ゆうびん屋さん

天気よほう

電車

天気よほうし

車しょう

駅員

ぼくは駅員のことを知りたいから、駅員の仕事を調べよう！

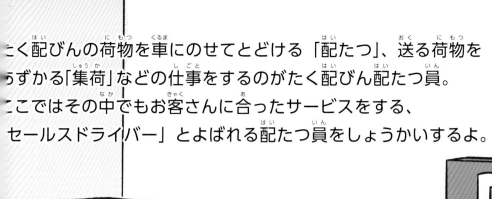

く配びんの荷物を車にのせてとどける「配たつ」、送る荷物を
うずかる「集荷」などの仕事をするのがたく配びん配たつ員。
こではその中でもお客さんに合ったサービスをする、
「セールスドライバー」とよばれる配たつ員をしょうかいするよ。

音が鳴っているよ！

配たつのじゅんばんってどうやって決めるの？

どんなふうに荷物が入っているのかな？

知りたいこと3

お客さんとどんなことを話すのかな？

一日の流れ

午前8:00
アルコールチェック

8:15
センターの荷物を車へ運ぶ

9:00
センターを出発する

9:10
荷物の配たつと集荷

午後1:00
荷物が集まったらセンターへ運ぶ

7:00
引きつぎのためセンターにもどる

着がえておわり！

7

たく配びん配たつ員の くふうを教えてください

知りたいこと1

配たつする じゅんばんは どうやって 決めるんですか?

自分がたん当している地いきの中で、配たつ日や時間が決められているものからとどけられるように、じゅんばんを決めています。とちゅうで追加の荷物をあずかることもあるので、スムーズに回れるよう、段どりに気をつけています。

ワザのくふう

コンビニが さいごだな。

B社へ
Aさんの 家へ
コンビニへ

こうりつよく回る

出発前に、自分のたん当地いきの中の配たつ先と集荷先をかくにん。場所と配たつ時間をよく考えて回るじゅんばんを決める。

整理して荷物をつむ

あとでとどける荷物はおくに、先にとどける荷物は手前につむと、取りだしやすい。集荷したものは、配たつする荷物とまざらないようにつむ。

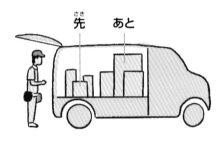

先　あと

荷物をとどける までの流れ を教えてください!

センターで荷物を 車につみこむ

チェック1

車がセンターを 出発する

配たつ地いきで 車をとめる

チェック2

チェック1 お客さまからあずかった荷物はセンターに集められ、そこから配たつ員が車へつみこみます。

配たつしやすいように考えてつみこむんですね!

チェック2 車はコインパーキングなどのちゅう車場にとめて、荷物を台車につみかえます。

8

知りたいこと2

よく使う道具はなんですか？

荷物のじょうほうを入れる「ポスたんまつ」や、お客さまからのれんらくをすぐに受けられるスマートフォンなど、スムーズに集荷、配たつするための道具は配たつ員にかかせないものです。

使うもののくふう

ポスたんまつ

荷物のじょうほうを記ろくする「ポスたんまつ」。お客さんはその記ろくをインターネットなどで知ることができる。

ピッ

スマートフォン

再配たつのれんらくなどをスマートフォンで直せつ受けられる。じかに話すと日時が相談しやすい。

明日うかがいます！

お客さんへのくふう

わたすときに声をかける

たとえば、荷物が重いときに「重いのでお気をつけください」など、お客さんの立場に立って声をかける。

名前をかくにんする

荷物をとどけるときは「○○さまですよね？」とことばをかけ、荷物のあて名と受けとる人が合っているかをかくにんする。

ハイ

知りたいこと3

お客さんと話すときに気をつけていることはありますか？

わたしたちは大切な荷物をあずかっているので、お客さまに安心感をもってもらうことが大切です。そのために、身だしなみやあいさつ、ことばづかいなどに気をつけています。当たり前のことですが、しんらいしていただくためのきほんです。

配たつ先へ行く

受けとりのサインをしてもらう

チェック3

ポスたんまつに記ろくする

\配たつおわり！/

たくさんの荷物を台車で一つひとつとどけるんですね！

チェック3

るすだったときは、とどけた日時やれんらく先などを書いた「不在票」という紙をポストに入れます。

お客さんは不在票を見て、もう一度とどけてもらう日時をれんらくするんですね。

自分だけの くふうを教えてください

もっと教えて！

「セールスドライバー」として
心がけていることを
教えてください！

わたしたちは荷物の配たつや集荷だけでなく、自分からお客さまへいろいろなサービスをあんないし、こまっていることをかい決します。お客さまによろこばれるし、自分で考えてせっきょく的に動くので、やりがいにつながります。

いつも荷物が多いようですから、もしよければ集荷を1日1回から2回にふやしましょうか？

助かるなあ。
それならもっと出荷数をふやせるよ。

もっと教えて！

気をつけていること
はなんですか？

車で荷物を運ぶので、安全運転が大事です。毎日車を点けんして、発車するときにはかならずまわりを指でさしながらかくにんするなど、安全第一を心がけています。台車で荷物を運んでいるときも、人や車の通行のじゃまにならないようにしていますよ。

オーケー！

 もっと教えて！

こまったときは どうしますか？

申しわけ
ございません。
箱がぬれて
しまって……。

中身はぬれて
いないんでしょう？
今度から気をつけて
ください。

 荷物はていねいにあつかっていますが、配たつ中に急な雨で荷物の箱がぬれてやぶれてしまうなど、思いがけないことが起きることも。あってはならないことですが、まずはお客さまにすぐにれんらくしてあやまり、相談します。

 もっと教えて！

いつも一人で配たつや 集荷をするんですか？

はじめのうちは先ぱいについて仕事をおぼえます。今は、きほん的には一人ですが、ほかのスタッフに手つだってもらうこともありますよ。配たつ員どうしでお客さまのじょうほうを交かんすることもあるので、チームワークも大事ですね。

Cさんから
家にもどってきたって
れんらくがあったよ。

じゃあ、今から
配たつに行ってくるよ。

思ったこと・考えたこと

配たつ員はお客さんとのていねいな会話を大事にしているんだね。今度うちに来たとき注目してみよう！

配たつや集荷にロッカーを使うほうほうもあったよ。いそがしいお客さんの声に合わせて生まれたサービスなんだって。

配たつ員はたん当地いきの地図が頭の中に入っているんだって。どの時間に、どこの道がこみやすいかなども知っているんだ。

駅員

知りたいことを
見つけよう!

教えてくれるのは
當間由紀さん

京王線「調布駅」の駅員。駅員
になって15年いじょう。

何を
アナウンスして
いるのかな?

知りたいこと 1

かかせない道具は
あるのかな?

白い
手ぶくろを
しているよ!

何に使う
道具かな?

毎日、たくさんの人がやってくる駅で、あんないをする駅員。
お客さんがきもちよく、安全に電車に乗れるように
どんなくふうをしているのかな？

知りたいこと2

電車を安心して
使ってもらうには？

お客さんに
声をかけて
いるよ！

何を見て
いるんだろう？

知りたいこと3

電車が時間どおり
来るのはなぜ？

一日の流れ

午前8:50
前のたん当者から
引きつぎ

9:00
1番ホームの
安全かくにん

9:30
かいさつで
お客さんのたいおう

11:00
2番ホームの
安全かくにん

午後1:30
ホームでお客さんの
あんない

5:45
次のたん当者へ
引きつぎ

着がえておわり！

13

駅員の
くふうを教えてください

知りたいこと1

かかせない道具
はありますか？

アナウンス用のマイクや手ばたはホームでの仕事にかかせませんね。また、列車運行図表もかならず持ちあるいています。これがあれば、お客さまに電車がいつ来るか聞かれたとき、すぐに答えることができるんですよ。

使うもののくふう

マイク
電車の出発やとう着などのアナウンスに使う。

列車運行図表
電車の発車時こくが図で表されている。

手ばた
出発の合図などに使う、手持ちのはた。

服
暗いホームでも手の動きがよく見える白い手ぶくろをする。

線路におりることもあるので、じょうぶな皮ぐつをはく。

電車が出発するときの流れ
を教えてください！

ホームと線路の安全をかくにんする

チェック1

お客さんの乗りおりを見まもる

アナウンスをする

まもなくドアが閉まります。

チェック1 電車がとう着する直前に、ホームや線路を指でさしながら、安全をかくにんします。

とう着のたびに、しっかりと安全をかくにんするんですね！

チェック2 お客さまの服や荷物がとびらにはさまっていないか、よく見て合図します。

14

知りたいこと2

電車を安全に使ってもらう**ためにしていることはありますか?**

気になるお客さまには、せっきょく的に声をかけています。子どもや体の不自由な方、体調の悪そうな方などは、とくに動きに注意しているんですよ。

お客さんへのくふう

子どものようすに注意する

線路をのぞきこんだり、まいごになったりしていないか、子どもが一人でいる場合は、とくに気を配る。

気になる人に声をかける

電車に近づきすぎている人や体調の悪い人を見つけたら、すぐに声をかける。

ワザのくふう

はっきりとアナウンスする

マイクで話すときは、聞きやすいように一つひとつのことばを、ふだんよりはっきり発音する。

「次の」
「電車は」
「○○行きです」

はっきり!

わかりやすく合図を出す

車しょうさんに出す出発の合図は、遠くからでも見やすいようにしっかりあげる。

ビシッ!

知りたいこと3

電車を時間どおり発車させるくふうはありますか?

アナウンスの仕方や手ばたのあげ方にも、実はコツがあります。お客さまはもちろん、駅ではたらくなかまたちにもつたえたいことがきちんとつたわるように、声や動作を大きくわかりやすくすることが大切ですね。

車しょうさんにとびらを閉める合図を出す

チェック2

とびらが閉まったことをかくにんする

車しょうさんに出発の合図を出す

発車後もまた安全かくにん!

じこをふせぐために、とくに注意しているんですね!

チェック3
電車がおくれることのないように、手ばたははっきりとあげます。

電車はつぎつぎにやってくるから、気がぬけませんね。

自分だけの
くふうを教えてください

もっと教えて！

力を入れている
ことはありますか？

体の不自由な方や、海外の方も電車を利用しやすいように、手助けをしたり手話や外国語であんないしたりできるようがんばっています。駅にはたくさんの人がおとずれるからこそ、だれもがきもちよく使える場所にしたいですね。

目線が合って
話しやすいな。

Please get on the
train at platform ○.
（○番線の電車に
乗ってください。）

何か手つだい
ましょうか？

手話が
できる人がいて
よかった！

もっと教えて！

駅員として
気をつけて
いることは？

のどの調子を整えるようにしています。お客さまをごあんないしたり、アナウンスをしたりと、わたしたちの仕事は声を出すことが多いので、のどをいためないように、かんそうさせないようにするなどして気をつけているんですよ。

よし！

もっと教えて！
電車いがいで勉強していることはありますか？

実は駅や電車にかかわることだけではなく、バスの乗り場や駅のまわりのしせつなどについて聞かれることも多いんです。すぐに答えられるよう、駅のそばのしせつや観光地など、町のじょうほうはふだんから調べておくようにしているんですよ。

新しいショッピングセンターができたんだ！

もっと教えて！
お客さんと話すとき気をつけていることはありますか？

えがおでいることを心がけています。とくにかいさつには、乗りかえの駅がわからなかったり、わすれものをしたりしたお客さまが来ることが多いんです。お客さまのふあんを少しでもやわらげられるように、話しかけやすいえがおを大切にしたいですね。

どの電車かわからなくて……。

ごあんないします！

思ったこと・考えたこと

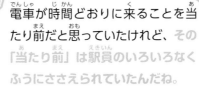

駅員はゴミを見つけたらすぐに拾っていたよ！ 駅をきれいにたもつことを、一人ひとりが心がけているんだね。

電車が時間どおりに来ることを当たり前だと思っていたけれど、その「当たり前」は駅員のいろいろなくふうにささえられていたんだね。

たん当する所は30分〜1時間ごとにかわるそうだよ。駅員が、集中力や体力をたもつためのくふうなんだって！

17

決められた道を時こく表どおりに走るバスを
「路線バス」というよ。子どもからお年よりまで、
地元のお客さんの生活のささえになっているんだ。
「路線バス」のバス運転しのくふうをしょうかいするよ。

まどが
ピカピカだね！

ねている
お客さんが
いるね。

知りたいこと2

どんな道具を
使うんだろう？

知りたいこと3

運転で気をつけて
いることは何かな？

一日の流れ

午前6:10
バスを点けんする

6:20
めんきょしょうを
かくにん　　　ピッ！
ピッ！

6:30
始発のバスていまで
運転する

6:40
バスを運行する

午後2:00
営業所にもどる

2:30
バスを点けんする

引きつぎをしておわり！

バス運転しの くふうを教えてください

知りたいこと1

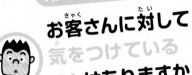

お客さんに対して 気をつけている ことはありますか？

車内のようすにも気をくばって、心配なことがあればお客さまにすぐに声をかけるようにしています。また、車内での時間をきもちよくすごしてもらいたいので、毎日のそうじをしっかり行っています。

お気をつけて。

お客さまに声をかける

立っているお客さまが、バスのゆれなどで転ばないように、すわるまで見まもったり、「手すりにおつかまりください」などと声をかけたりする。

車内をきれいにする

車内は運転しがそうじする。ゆかに水を流してモップでこすったり、まどをふいたりなど、できるだけせいけつにたもっている。

バスていを 出発するまで を教えてください！

バスていに とまる

お客さんが 乗りおりする

ドアを閉める

チェック1

\ ピッ /

\ プーッ /

チェック2

チェック1 お客さまが乗るバスをまちがえないように、「このバスは○○行きです」とアナウンスします。

マイクの声はバスの外にも聞こえるようにできるんですね。

チェック2 ドアの近くにお客さまがいないか、かがみでかくにんします。

20

知りたいこと2

どんな道具を使いますか？

せきの後ろのほうにいるお客さまにも、声がとどくように、話すときはマイクを使っています。あとは、お客さまの安全をまもるための道具も車内においてあります。

使うもののくふう

マイク

次のバスていを知らせたり、注意をよびかけたりするときに使う。車内はもちろん、車外にも聞こえるようにできる。

消火器

火が出るじこや、こしょうがあったとき、すぐ使えるように運転せきから手のとどく所に用意している。

ワザのくふう

しずかでなめらかな運転

前を走る車とのきょりを開けて急ブレーキをふせぐなど、なめらかな運転を心がける。

かがみでようすをかくにん

運転せきのまわりのかがみを見て、車内のようすをかくにん。かがみはそれぞれ角度がちがうので、車内をくまなく見られる。

知りたいこと3

運転で気をつけていることはなんですか？

安全運転はもちろんですが、さらにお客さまがねてしまうほど心地よい運転を目指しています。また、車内の安全やお客さまのようすをかくにんするために、運転の合間にかがみをこまめに見ています。

出発前の安全かくにんをする

出発する

次のバスていをあんないする

チェック3

\ 安全運転で走るよ！/

お客さんの安全をかくにんしてから、ドアを閉めるんですね。

チェック3

てい車ボタンがおされたら「次とまります」などとアナウンスします。

ボタンをおしたお客さんは、へんじがあると安心しますね。

21

自分だけの くふうを教えてください

もっと教えて!

心がけていることは
なんですか?

安全第一がわたしのモットーです。営業所では運転しが月に2〜3回集まり「じこ防し会ぎ」を開いています。さまざまな交通じこのえいぞうを見て、どうすればふせげたかを話しあうんですよ。安全への意しきがより強くなりますね。

この場合は、もっとブレーキを早めにふんだほうがよかったのでは?

そうすれば、後ろの乗用車に車間きょりをもっと取ってもらえたかも。

もっと教えて!

運転しにひつような
ことはなんですか?

体力がひつようですね。長い時間運転するのが仕事ですが、つかれて集中力が落ちてしまっては安全な運転ができませんから。わたしは週に1回スポーツジムに通って、ランニングやトレーニングを3時間ほど行っています。あせをかくことは、きもちのリフレッシュにもなりますね。

運転の合間は何をしているんですか？

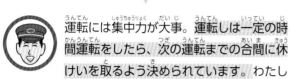

運転には集中力が大事。運転しは一定の時間運転をしたら、次の運転までの合間に休けいを取るよう決められています。わたしはすきな音楽をきいたり、運転しのなかまとじょうだんを言いあったりすることも。休けいをしっかり取って心と体をリラックスさせることは、わたしたち運転しにとっては仕事の一つだと考えています。

バスの点けんはどんな所を見るのですか？

エンジンの調子やタイヤのへり具合、ランプのあかりなど、いろいろな所を見たりさわったりします。一つの見のがしが大きなじこにつながることを想ぞうしながら点けんすると、注意深くかくにんすることができます。

タイヤをトンカチでたたいて、空気がきちんと入っているかを音や手ごたえでかくにんする。

思ったこと・考えたこと

齋藤さんは、ねているお客さんがいるとうれしいんだって。「心地よい運転ができているんだ」って思えるそうだよ。

お客さんを乗せて運転するってことは、人のいのちをあずかることなんだね。せきにんが重い分、やりがいがありそう！

運転せきのまわりにいくつもかがみがあるのにはびっくりしたよ。車内のすみずみまで見わたすためのくふうなんだね。

23

自動車整びしは、自動車の「医者」。
自動車に悪い所がないかをさがし、
安全に走れるように、点けんや整びをしているよ。

知りたいこと2
どんな道具を使うのかな？

にている
道具が
いっぱい！

これは
なんの道具？

何を見せて
いるのかな？

知りたいこと3
お客さんと何を話しているの？

一日の流れ

1 午前8:30
朝礼・ラジオ体そう

2 8:40
自動車の点けん

10:00
お客さんと打ち合わせ

12:00
休けい

午後1:00
自動車の整び

5:15
次の日の作業を
かくにん

かたづけておわり！

25

自動車整びしの くふうを教えてください

ワザのくふう

知りたいこと1

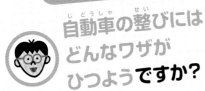

自動車の整びには どんなワザが ひつようですか?

車のこしょうを直したり、こわれている部品を交かんしたりするワザはもちろんひつようです。それいがいにも、悪くなりそうな所に気づくかんさつ力や、車のしくみについてのくわしい知しきも大事です。

あつくなっている!

手、耳、鼻も使ってかくにん
見た目だけではなく、ねつがこもっていないかを手でさわったり、へんな音やにおいが出ていないか、耳や鼻でたしかめたりする。

スタッフどうしでじょうほう交かん
直しにくいこしょうのときは、スタッフどうしで相談。それぞれの知しきを集めて、直すほうほうを見つけることもワザの一つ。

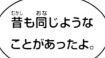

昔も同じようなことがあったよ。

くわしく教えてください。

自動車の整びの流れを教えてください!

お客さんから車をあずかる

点けんして悪い所をさがす

チェック1

りょう金を計算する

チェック1

ボンネットをあけたり、タイヤを外したりして、悪い所がないかをしっかりとさがします。

目に見えない所まで、細かくかくにんするんですね。

チェック2

「10日間くらいかかりそうです」など、点けんにかかる日数の目安などもつたえます。

どんなものを使いますか？

車はふつう2～3万この部品からつくられています。部品のサイズや形はさまざま。それに合わせて、しゅうりや交かんするための工具もサイズや形がちがうものをいろいろそろえているんですよ。

使うもののくふう

スパナ

ねじをしめたり、ゆるめたりする道具。サイズちがいで30しゅるいくらいを用意している。

ね板

小さな車りんつきの板。この上にねて、車の下にもぐりこんで作業する。

服

やけどやけがなどから体をまもり、作業もしやすい、つなぎの服。車をきずつけないように、ファスナーなどはぬのの中にかくれている。

お客さんへのくふう

車のじょうたいをせつめい

お客さんに車のじょうたいをせつめいするときには、部品を見せて、どの部分がいたんでいるかなどをわかりやすくつたえる。

エンジンには、サーモスタットという部品があって……。

りょう金を計算する

しゅうりや部品の交かんにどれくらいのお金がかかるかを整び前に計算して、紙で見せる。お客さんにつたえ、どこまで直すかをえらんでもらう。

\ わかりやすい！ /

お客さんとどんなことを話すのですか？

車とのつきあい方はお客さんそれぞれでちがいます。長く乗りたい人もいればすぐに買いかえたい人もいるので、整びの前にお客さんとよく話すことを大切にしています。車のじょうたいやしゅうりにかかるりょう金をせつめいして、お客さんに合う整びの仕方を決めます。

整びの内ようをせつめいする

チェック2

整びする

チェック3

お客さんに車をかえす

\ お気をつけて！ /

くわしく教えてもらえると、お客さんも安心ですね！

チェック3

ねじをしめるスパナ、車をもちあげるリフトなど、さまざまな道具を使って整びを進めます。

道具がいっぱいあるから、使いこなすのもたいへんですね！

27

自分だけの
くふうを教えてください

もっと教えて！

いつも心がけていることはなんですか？

わたしたち自動車整びしの仕事は、人のいのちにかかわります。わたしたちの小さな見のがしが大きなじこにつながり、人のいのちをうばうことだってありえますから。だから、いつもきんちょう感をもって、整びやしゅうりに取りくむように心がけています。

\ ブレーキがきかない！/

もっと教えて！

知しきをふやすためにどんなことをしていますか？

車はつねに進化するもの。車や部品をつくる会社は、いつも新しい車と部品を開発しています。だから「どんなしくみになっているか」「どんな部品でつくられているか」などを本やインターネットなどで調べて、自分たちの知しきもつねに新しくするように気をつけています。

新しい車が発売されたんだな。

部品のしくみがよくわかる本だ。

もっと教えて！

役に立っているものは ありますか？

こしょうした部品はすてずに取っておき、べつのお客さんに車のじょうたいをせつめいするときに使っています。
「この部品をこのまま使いつづけると、こんなふうにきけんなじょうたいになりますよ」と見せながらせつめいできるので、とても役に立っています。

もっと教えて！

大切にしていることは なんですか？

自動車整びしは「車のお医者さん」といわれますが、その中でもわたしは「"町の"お医者さん」になりたいと思っています。車の整びのことだけでなく、買いかえなどの相談も引きうけて、お客さんから車のことならなんでも気軽に声をかけてもらえることを目指しているんですよ。

このようにねつがこもってとけちゃうんですよ。

え〜！

ちょっと車の調子が悪くて……。

おまかせください！

車のいいほけんはあるかしら？

車を買いかえたいんだけど。

思ったこと・考えたこと

車をしっかりと整びするために、ひつような部品を自分たちでつくる場合もあるんだって。自動車整びしってすごい！

「なぜこしょうしたのかな？」と考えながら作業するのが、ワザのレベルアップのコツなんだって。考える力が大事なんだね！

自動車整びしは人のいのちにかかわる仕事なんだね。大きな自動車のじこのニュースを聞くと、むねがいたむと加藤さんは言っていたよ。

仕事ファイル 05

大工

知りたいことを
見つけよう！

教えてくれるのは
小坂 充さん

「株式会社まるみハウス」の社長。
大工になって15年いじょう。

道具で
木を持ちあげて
いる！

知りたいこと 1

お客さんと
どんなふうに
かかわる**んだろう？**

うれしそう！
この人たちの
家なのかな？

手に
持っているのは
なんだろう？

家をたてるとき、主に木でつくる部分の工事を
たん当するのが大工。ここでは、工事だけでなく、
家づくりの計画からお客さんとかかわって進める
大工をしょうかいするよ。

知りたいこと2

どんな道具を
使うの？

知りたいこと3

家をたてるには
どんなぎじゅつが
いるんだろう？

これは
なんの道具？

木をじっと
見ているのは
なぜ？

一日の流れ

午前8:00
メールのかくにん

8:50
家をたてる
場所に集合

9:00
作業をはじめる

午後5:00
かたづけ

5:30
次の日の
作業のかくにん

6:30
事む所にもどる

事む作業をしておわり！

31

大工の くふうを教えてください

知りたいこと１

お客さんへの かかわり方で気を つけていることは ありますか？

役所への手つづきなどの時間も入れると、家づくりは１年くらいかかります。予定をまとめた紙をわたして、できあがるまでの流れを楽しんでもらえるようにしています。また、どんな家にしたいのか、お客さんがじっくり考える時間をつくっています。

お客さんへのくふう

きぼうをくわしく聞く

家ができあがるまでの１年くらいのうち、計画を立てるためにはじめの２か月くらいをかける。その期間でどんな家にしたいのかを聞いて、きぼうに合った家をていあんする。

家づくりに くわわってもらう

かべ紙やあかりなどは、できるだけお客さんにえらんでもらう。自分で決められるようにして、家づくりをより楽しんでもらう。

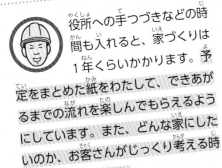

子ども部屋は二つほしいね。

土地がせまいからなあ……。

リビングのあかりはこれがいいな。

いいね！

家がたつまでの流れを教えてください！

お客さんからの注文

チェック１

家をたてる土地をしらべる

チェック２

家の土台をつくる

よし！

チェック１
お客さんの家族の人数、予算、土地の広さ、家のイメージなどを聞き、設計図を設計しにつくってもらいます。

設計しさんと力を合わせて家をつくるんですね！

チェック２
土地の土台となる地面が地しんに弱いときは、工事をします。

32

知りたいこと2

どんな道具を使いますか？

家のほね組みをつくるときに使うのは、さすまたと、かけやです。柱を立てたあと、屋根をささえる、はりという木ざいをさすまたで持ちあげて組み、ゴムせいのかけやで打って、しっかり組みあわせます。

使うもののくふう

さすまた

木ざいを高い所に持ちあげるときに使う。

かけや

大きなハンマー。ゴムせいなので、打ちつけても木ざいがわれない。

設計図

たてものの形やサイズをかいたもの。大工は、設計図のとおりに家をたてる。

服

木ざいなどでこすったり、ぶつかったりしてけがをしないように、長そでで、長ズボンがきほん。

ワザのくふう

木目からとくちょうを読みとる

木はかわいたり、しけったりすると、そってしまう。大工は木目から木ざいがどう形をかえるかを読みとり、使う向きを決める。木ざいのとくちょうに合わせて使えば、たてたあとに家がゆがまない。

この木ざいはこうそるな。

知りたいこと3

どんなぎじゅつを身につけていますか？

家はほね組みやかいだんなど、いろいろな所に木ざいを使います。木はかわき具合で少しずつそってしまうので、「木目」という木ざいの切り口のもようを見て、そり方の見当をつける力はかかせませんね。

柱を組む

屋根やかべをつける

家の中の工事をする

チェック3

できた！

地しんにたえられるようにできる工事があるんですね。

チェック3

かいだんやたなをつくったり、かべ紙をはったりします。

かべは広いしたくさんあるから、たいへんそうですね！

自分だけの
くふうを教えてください

 もっと教えて！

お客さんによろこんでもらう
くふうはありますか？

作業の区切りごとに「手形式」などのイベントをおすすめしています。また、家づくりのようすを写真にとり、家ができたらアルバムにまとめてわたしています。家づくりは、お客さんにとっては一生に1回だけかもしれません。思い出にのこるものにしたいですね。

小さなお子さんがいるお客さんによろこばれた、「手形式」。家族みんなの手形をとり、家のほね組みにはる。天じょうをはったら見えなくなるが、よい思い出になる。

 もっと教えて！

べんりな道具は
ありますか？

昔はすべて手作業でしたが、今は電動の道具がふえていてべんりです。たとえばくぎを打つときは「くぎ打ちき」を使えば、あっという間にくぎを打てて、作業時間を短くできるようになりました。力もいらないので、女性の大工もふえているんですよ。

34

こだわっていることは ありますか?

 ペットをかっているお客さんには、犬もくらしやすい家になるように力を入れています。きっかけは、お客さんからの「犬にやさしいゆかにしたい」という声。犬にとってよいゆかのざいりょうやのぼりやすいかいだんの高さなどを勉強して、犬とくらす家づくりをとく意とする「あい犬家住たくコーディネーター」というしかくもとりました。

ふつうのゆかだと犬はすべってしまい、足こしをいためてしまう。すべりにくいゆかにすれば、安心してくらせる。

大工のやりがいは、 どんなところ にありますか?

 何もなかった場所に、自分の手でたてものをつくりあげていくのはやりがいがありますね。家をたてる地いきごとのルールや、土地の広さ、予算などがある中で、お客さんのきぼうと合わせるのはたいへんですが、なんとかくふうして形にするのがわたしたち大工の仕事です。

「書庫がほしい」というきぼうを受けて、部屋のかべいっぱいに本だなをつくったこともある。

思ったこと・考えたこと

大工というと、男の人のイメージがあったけど、女の人もふえているんだって。わたしも目指してみようかな!?

「手形式」って、すてきだね。家ができたら見えなくなっても、きっと何度も「あそこに手形があるんだ」って思いだすんだろうな。

木ざいを運んだり、高い所にのぼったり、大工さんにはきけんがつきもの。集中力をたもつために、2〜3時間作業したら休けいするんだって。

町に住む人たちのくらしをささえている電気。
いつでも電気が使えるように、電気工事作業員が電線などを
点けんしたり、しゅうりしたりしているんだよ。

知りたいこと2

高い所は
こわくないの?

?? 下にいる人は
何をする
んだろう?

知りたいこと3

どんな道具を
使うのかな?

一日の流れ

午前8:40
朝礼でその日の
作業内ようをかくにん

9:00
現場へ向かう

9:30
電線のしゅうり

午後3:30
しゅうりをおえる

4:00
その日、作業した
ことを記ろく

引きつぎをしておわり!

電気工事作業員の くふうを教えてください

知りたいこと1

しゅうりのときに気をつけていることは、なんですか？

電気はみなさんのくらしにとってかかせないものです。電気がとまって、あかりがつかないとあぶないし、れいだんぼうを使えなくなると、けんこうにえいきょうが出ることも。ですからできるだけ早く、電線のしゅうりや、電線に引っかかったものを取るなど、たいおうするようにしています。

町に住む人へのくふう

すぐにかけつける
てい電などの知らせはいつでも受けつけている。休日や夜でもすぐにかけつけられるように、作業員は交たいで待きしている。

えだがのびたらきけんですね。

こまめな見まわり
てい電はかみなりや台風などの天気が理由で起きるほか、木のえだがのびて電線にからんで起きることも。ふだんからこまめに見まわりをしておく。

てい電を直す
までの流れ
を教えてください！

てい電の知らせが入る

チェック1

高所作業車で現場へ行く

チェック2

まわりを立ちいりきんしにする

チェック1
通ほうがあったら、すぐ出発できるように、道具などをこまめにチェックしています。

少しでも早く現場へ行けるようにしているんですね。

チェック2

高い所で作業するときは、アーム（うで）がのびる高所作業車を使います。

知りたいこと2

高い所の作業はこわくないんですか？

わたしたちは訓練をたくさん重ねているので、だいじょうぶですよ。ただ、強い風でゆれたり、夏は日ざしが強くて暑くなったりすることもあるので、集中力や考える力がにぶらないように注意しています。

ワザのくふう

すばやく決だん

高い所での電気工事作業は、ふつう一人で行う。どの電線を切るかなどを、自分で考えてすばやく決めなければいけない。

地上にも注意をはらう

作業中に道具を落としてしまうと、じこにつながるかもしれない。地上ではゆうどうする係がかならず立ち、通る人の安全をまもる。

少しはなれてください！

道具のくふう

ペンチ
先についたするどい刃で、電線を切ることができる。

手ぶくろ
電線にふれるときに使う。電気を通さないようにゴムでできているので、ぶあつい。

服
もえにくいぬのでできている。ベルトについたケースには、いろいろな道具を入れられてべんり。

知りたいこと3

どんな道具を使いますか？

ペンチやナイフなどの道具を使います。また、感電しないようにかならず電気を通さない手ぶくろをつけて作業します。ペンチなどの道具はベルトについたケースに入れてこしに下げ、高い所でもすぐに出せるようにしています。

アームをのばして作業場所へのぼる

電線をつなげる作業を行う

チェック3

電気が通ったかかくにんする

電気がついたよ！

高い所でも作業するための専用の車があるんですね！

チェック3

電線が切れた場合、はしとはしをくっつけて金ぞくのわをかぶせます。そのわに力をかけてつぶすと、電線がくっついて電気が通ります。

むずかしそう……高い所で一人でやるなんて、すごい！

自分だけの
くふうを教えてください

もっと教えて！

じまんのワザは
ありますか？

高所作業車が使えないときは、作業員が直せつ電柱にのぼることがあり、その速さには自しんがあります！ 体をささえるロープを、のぼるリズムに合わせて足場ボルトに引っかけるのがコツ。速くのぼれば、その分すぐに作業を始められるので、いつも速さを意しきしています。

のぼるときは、安全のためにロープをつけてのぼる。ロープに体重をかけながらのぼるのがポイント。手足の力だけでのぼるよりもつかれないので、その分、作業に集中できる。電柱の上で作業をするときは、安全のためにロープを2本使う。

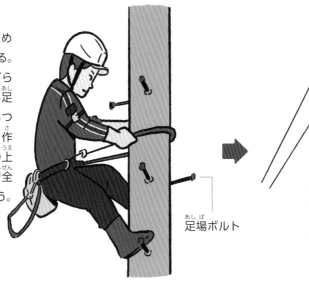

足場ボルト

もっと教えて！

電線に引っかかった
ものはどうやって
取るのですか？

昔は手で取っていたのですが、今は「間接活線工具」という道具を使っています。長いぼうの先に、ものをつかむ動きができる部品がつけられていて、手元でその動きを調せつできるんです。電線にさわらなくても、引っかかったものを取りのぞくことができるので、より安全に作業できます。

間接
活線工具

もっと教えて!

電気工事作業員として
大切にしていることは
ありますか?

大きな台風が来て、広い地いきがてい電になってしまったことがあります。そのとき、わたしたちをふくむ日本中の作業員が、すぐにその地いきに集まり、ほとんど休まずに電気工事作業を行い、電気が通るようにがんばりました。たん当地いきなどをこえて、みんなで力を合わせようというきもちを大切にしています。

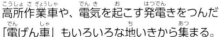

高所作業車や、電気を起こす発電きをつんだ
「電げん車」もいろいろな地いきから集まる。

思ったこと・考えたこと

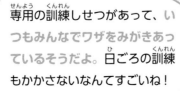

ぼくたちはいつも、当たり前のように電気を使っているけれど、その「当たり前」は電気工事作業員がささえているんだね。

専用の訓練しせつがあって、いつもみんなでワザをみがきあっているそうだよ。日ごろの訓練もかかさないなんてすごいね!

電線にはたくさんの電気が流れているから、体をまもるために、道具は電気を通さないくふうがされているんだね!

みんなの前で
ほうこくする文章を発表しよう!

ダイチさん、ユウマさん、ハルナさんは、「仕事のくふう」を見つけるために、
グループで駅員の話を聞いたよ。調べたことをまとめて、
みんなの前で発表するために、どんなことをしたのかな?

ステップ1

みんなは、どんなところに注目したのかな?

駅員を
調べたよ!

3人のメモを
見せあおう。

ダイチのメモ

安全のためにやっていること
・子どものようすをよく見る
・気になる人に声をかける

★インタビュー
どんなお客さんにもたいおう
できるように、かい助や手話、
外国語なども学んでいる。
えがおも大事。

ユウマのメモ

時間どおりに電車が来る理由
・手ばたで合図
・アナウンス

★インタビュー
お客さんからのしつ問に答えるため、
まわりのしせつのことなども
調べておく。

ハルナのメモ

使うもの
・マイク　アナウンス用
・列車運行図表
・手ぶくろ　など

★インタビュー
声を出すことが多いので、のどを
いためないように気をつけていた。

発表の計画を立てよう！

みんなにわかりやすくつたえるには、どんな発表をすればいいかな。内ようやほうほうを、考えてみよう！

きんちょうしてうまく話せないかも……。

しっかりじゅんびすればだいじょうぶだよ！

① 発表する内ようを考える

グループで発表するときは、話す内ようが重なってしまわないように、何を話すかみんなで相談して決めよう。みんなが調べたことの中で、とくにつたえたいことをえらぶよ。

調べたことと調べた理由

駅員について調べた
・ダイチとハルナは電車がすき。
・ユウマは駅員の仕事にきょうみがある。

調べ方

・駅員にホームでの仕事を見せてもらう。
・図書館で本をかりた。

調べてわかったこと

駅員さんのホームでの仕事がいろいろとわかったね。

じゃあ、主にこの３つを発表しない？

ホームの仕事にかかわることにしぼって発表したらどうかな。

わかったこと（1）
いろいろな道具を使っていた。とくにマイクはアナウンスにかかせない！

わかったこと（2）
スムーズに電車を運行させるために手ばたを使う。

わかったこと（3）
お客さんの安全をまもるために声をかける。

② 発表ほうほうを決める

ここでは「紙しばいふう」の発表ほうほうをしょうかいするよ。紙しばいのように、文字や図を入れた紙を持ってめくりながら、みんなにわかりやすくつたえよう。

発表ほうほう

もぞう紙（→4巻） 新聞（→3巻）

紙しばいふう

ステップ3
発表のじゅんびをしよう！

まずは話したいことの
ポイントを出しあうよ。
それをもとに紙のじゅんびをしたら、
みんなで発表の練習をしよう。

みんなで
＼ じゅんびを進めよう！ ／

① 大事なポイントを書きだす

ステップ2のわかったこと(1)〜(3)のポイントをかじょう書きで書きだしてみよう。

マイクについて
・駅にいる人たちに声が
　とどくようにくふうされている。

合図について
・出発できることを知らせる。
・わかりやすく動く。

安全のためにすること
・じこをふせぐため
　声をかける（どんな人に？）。

② 紙のじゅんびをする

紙しばいふうにすることを考えて、写真をいんさつしてはりつけたり、文字や絵を大きくかいたりしよう。

わかったこと(1) を
写真でつたえよう！

みんなに
見えるように
大きくしよう！

わかったこと(2) のポイントを
紙に大きく書こう！

ジェスチャーでも
つたえるぞ！

③ 発表の練習をする

①で書きだしたことについて、ことばをおぎないながら、話す練習をしてみよう。

話し方のコツ

● 大きな声で話そう！
● 早口にならないようにしよう！
● 話をつなぐことばを使って、
　じゅんじょよく話そう！
● これから何を話すのかわかりやすいように、
　つたえたいことを先に言う。
● 具体的な話をして、くわしくつたえよう。

・話をつなぐことば（はじめに、まず、次に、そして、それから、さいごに）など。
「さいごに、安全をまもる仕事をせつめいします」

「手ばたの合図について話します。手ばたは……」

「具体的には、一人でいる子や……」

じゅんびはこれでバッチリ！

44

いよいよ**チャレンジ！**

調べたことを発表しよう！
紙しばいふう

ステップ**2** 〜 ステップ**3** で
じゅんびしたことを
みんなの前で発表しよう。

このシリーズの1〜4巻では、
調べたことを紙にまとめて
ほうこくする文章の書き方を
しょうかいしているよ！

紙しばいふうに
＼ 発表します！／

駅員の
くふう

調べたことと理由

ぼくたちは、駅員について調べました。理由は、ぼくは電車がすきで、小さいころから駅員にあこがれていたからです。ダイチさんとハルナさんも、電車がすきだというので、駅員をえらびました。

調べ方

ぼくたちは、調布駅ではたらく當間さんに取ざいしました。駅員の仕事はいろいろありますが、とくにホームでの仕事に、ぼくたちはきょうみをもちました。わかったことは、次に話す3つです。

わかったこと(1)

まず、わたしは駅員が使うマイクのことを発表します。駅員は駅にいる人たちに、マイクを使ってアナウンスします。そのマイクには発車ベルやメロディを止めるボタンがついていました。「かけこみ乗車はおやめください」など、みなさんの安全をまもるための大事なことを、はっきりとつたえるために、発車ベルやメロディを止めることもあるそうです。

・マイクについて
・スイッチ

わかったこと(2)

次に、手ばたの合図について話します。手ばたは、お客さんが電車に乗りおわり、出発できるようになったことを、車しょうへつたえるときなどに使います。たとえば、こんなふうにビシッとはたをあげると、しっかり合図がつたわります。

・合図について
・手ばたを使う
ジェスチャーつき！

ビシッ!

わかったこと(3)

さいごに、安全をまもる仕事をせつめいします。じこが起こるのを、ふせぐくふうです。具体的には、一人でいる子や、線路をのぞきこんでいる子、すわりこんでいる人やお酒によった人に声をかけています。

・安全のためにすること
・目を配る ・声をかける

まとめ

そして、ぼくたちは、駅員の仕事のくふうについて話しあい、次のことがわかりました。

小さな子どもからお年よりまでいろいろな人が、駅や電車を使います。その一人ひとりの安全をまもるために、駅員はがんばっているのだと思いました。

本で調べるより、話を聞くほうがよくわかって、おもしろかったです。みなさんも、駅員の仕事に注目してみてください。いじょうで発表をおわります。

45

ほかの人のほうこくを聞いて 感想 をつたえよう！

ダイチさんたちのクラスメイトが
42〜45ページのほうこくを聞いて、
自分の感想や意見を発表したよ。

ぼくたちの
発表はどうだった？

感想を言うときのルール
発表する人にしつ礼なことはしないのがルールだよ！

● 発表の悪口を言わない。
● 発表とかんけいのない感想を言わない。

一番おもしろかったことをつたえよう

ぼくは、駅員の持ちものがわかって、すごくおもしろかったです。とくにマイクは、駅を使うお客さんの安全をまもるための大事な道具だということがわかりました。

ユウマくんが見せてくれた、出発の合図のジェスチャーがとてもよかったです。「わたしも駅で見たことがある！」と思いだしました。今度、駅に行ったら、よく見てみます。

ポイント！

ほうこくのどの部分が、自分にとって一番おもしろかったかを発表してみよう。

👍 これでできた！

おもしろさを分かちあえるのもうれしいね。

自分だったら、と想ぞうしたことを言ってみよう

わたしは、ダイチくんの言っていた「安全をまもるくふう」のところで、あぶなそうな人がいて、駅員がもし近くにいなかったら、どうしたらいいかを考えました。小さな子が線路の近くにいたら、わたしも声をかけてあげたり、すわりこんでいる人がいたら、駅員をよびにいったりしようと思います。

ポイント！

ほうこくで知ったことから、自分がこれからどうしようと思ったか、どんなことができるのか、具体的な意見を言えるといいね。

👍 これでできた！

自分のこととして考えられたね。

気になったことをしつ問しよう

手ばたの合図は、鉄道会社によってちがうのですか？　わたしもいろいろな駅でかんさつして、ほかの鉄道会社でどんな合図をしているか、知りたくなりました。

駅員どうしで引きつぎをしているとき、どんなことを話しているのですか？　もっと聞いてみたいです。

ポイント！

ほうこくの中で、自分ならこんな話を聞いてみたいという意見もいいね。次の見学のときに、より深い見方ができそうだね。

👍 これでできた！

自分らしいしつ問ができたね！

さくいん

47

監修 岡田博元
（お茶の水女子大学附属小学校）

千葉県生まれ。文教大学教育学部初等教育課程、埼玉大学大学院教育学研究科を修了。専門は国語科教育学、臨床教育学。国語教科書編集委員（光村図書）。

イラスト	前田はんきち
イラスト協力	野田和美、ヤマハチ
キャラクターイラスト	仲田まりこ
デザイン	山﨑まりな (chocolate.)
編　集	西野 泉、豊島杏実、久保緋菜乃、戸辺千裕、木村舞美（ウィル）、平山祐子、小園まさみ
校　正	文字工房燦光
取材協力	ヤマト運輸株式会社、京王電鉄株式会社、京浜急行バス株式会社、天龍自動車工業株式会社、株式会社まるみハウス、東京電力パワーグリッド株式会社

＊この本のイラストは、実さいの店やしせつのようすと、ちがう場合があります。

調べてまとめる! 仕事のくふう⑤

バス運転し・大工・電気工事作業員など　くらしをべんりにする仕事

発　行	2020年4月　第1刷 2024年4月　第2刷
監　修	岡田博元 (お茶の水女子大学附属小学校)
発行者	加藤裕樹
編　集	片岡陽子
発行所	株式会社ポプラ社 〒141-8210　東京都品川区西五反田 3-5-8 ホームページ　www.poplar.co.jp
印刷・製本	図書印刷株式会社

ISBN 978-4-591-16541-6　N.D.C.375　47p　27cm　Printed in Japan

P7213005

調べてまとめる！

仕事のくふう

全5巻

監修：岡田博元（お茶の水女子大学附属小学校）

小学校低学年～中学年向き
各 47 ページ
AB判　オールカラー

図書館用特別堅牢製本図書